Ye   1978

LE
BAGARRA
POÈME DIDACTIQUE,
DÉDIÉ AUX BORDELAIS,
SUIVI DU
CRAPS

NE SE VEND
CHEZ PERSONNE

LE BACARA

ET LE

CRAPS.

LE
BACARA,

POÈME DIDACTIQUE,

Dédié aux Bordelais;

SUIVI DU

CRAPS.

NE SE VEND
CHEZ PERSONNE.

1843

LE BACARA.

Si, comme à des marmots dépourvus de raison,
Prenant le BACARA par la déclinaison,
J'allais vous en tracer les éléments arides,
A vous, au front de qui ce jeu grava des rides.
Eh! quel homme, surtout dans les murs bordelais,
Ignore qu'il se joue avec deux *jeux complets;*
Que deux cartes, d'après la loi la plus commune,
A chacun des côtés sont remises par une,
Qu'un bagage pareil fait la part du *tailleur,*
Que le *point* le plus près de *neuf* est le meilleur;
Que, pour former ce *point,* qu'on calcule sans peine,
L'unité seule compte, et non pas la dizaine,
Et que les *huit* et *neuf,* au bord du tapis vert,
Doivent être *abattus* et mis à découvert?
Non, non, ne craignez pas que je vous rassasie
De ces banalités, sèches en poésie;

Puisque nous écrivons pour le joueur savant,
Dans le fond de ce jeu pénétrons plus avant,
Jetons sur son esprit nos aperçus rapides :

D'abord, il est loin d'être un de ces jeux stupides
Où le hasard exerce un absolu pouvoir,
Où rien ne reste plus au calcul du savoir.
Le BACARA n'est point ce qu'un vain peuple pense;
Sans exiger l'effort d'une haute science,
Il demande, du moins, l'acte du sens commun,
Et n'abrutit pas l'homme ainsi que le *trente-un*.
Souffrez donc qu'un collègue, en ces modestes rimes,
Au *banquier* comme au *ponte* offre quelques maximes,
Contre plus d'une faute ose les prémunir,
Et prescrive à chacun sa conduite à tenir.

Rien n'est moins compliqué que la tâche du *ponte :*
Il relève son jeu, l'examine, le compte,
Et dès que le *banquier* a dit : *J'en donne,* il faut
Qu'il demande une carte ou s'en tienne à son lot.
Si le sort l'a pourvu d'un *huit* ou *neuf* d'emblée,
Qu'il montre, sans retard, sa chance déroulée;
A *cinq*, à *six,* à *sept* il reste sagement,
Pour tous les autres *points* il prend un supplément.
Il en est toutefois qui, par un goût funeste,
Alarmés sur un *cinq,* peu rassurant du reste,
Dans l'imprudent espoir de rehausser leur sort,
Demandent, en tremblant, la carte de renfort.
Evitez avec soin ces *pontes* téméraires
Qui, par leur suicide, assassinent leurs frères,
Et, pour s'abandonner à leur coupable écart,
Aventurent les fonds et du tiers et du quart.

11

Fuyez également, comme impropre au service,
Celui qui sur son jeu porte un regard novice,
Et ne sait pas couvrir sous un masque d'airain
Le mystère qui fait sa joie ou son chagrin;
Car l'œil intelligent du *banquier* qui l'observe
Sur son front ingénu percerait sa réserve,
Et, fixé sur le *point* par des signes précis,
Pourrait *rester* à *trois,* comme *tirer* à *six.*
Je signale surtout à votre inquiétude
Le joueur somnolent ou distrait d'habitude,
Qui bégaye au hasard, d'un ton dubitatif,
La réponse qu'attend l'adversaire attentif,
S'arrête justement alors qu'il faut qu'il *tire,*
Et ment, sans le savoir, à ce qu'il voudrait dire
C'est en vain, une fois qu'il s'est mal énoncé,
Qu'il court après le mot imprudemment lancé,

De sa lourde bévue en vain il se désole,

L'inflexible *banquier* le prend sur sa parole ;

Une erreur de la langue est un crime à ce jeu.

J'irai même plus loin : pour exprimer son vœu,

Il est irrégulier d'employer un langage

Vague, périphrasé, malsonnant, hors d'usage,

D'inventer chaque fois des termes différents,

Tels que : *Je n'en veux pas, Assez, J'en veux, J'en prends,*

Et vingt autres, exclus du langage technique ;

La loi prescrit au *ponte* une formule unique,

Et veut, pour être clair, qu'il prononce à l'instant

Les mots sacramentels, qui sont : *Carte* ou *Content.*

L'esprit le plus vulgaire évitera ces fautes.

Mais il faut au banquier des facultés plus hautes,

Un jugement rapide, un coup d'œil de faucon,
Une intrépidité digne du sang gascon.
Dès qu'il a pris sa place à la table échancrée,
Où, comme une muraille aux assauts préparée,
La *banque* se roidit contre un siége orageux,
A la *mêle* ennemie il livre les deux jeux,
Et sitôt qu'à la ronde on a pétri la chance,
Il *brûle la première*, et la *taille* commence.
Quart d'heure solennel! *Banquiers!* ouvrez les yeux,
Appliquez-vous aux soins les plus minutieux;
Evitez qu'en *servant* la carte à chaque place,
Au lieu d'offrir son dos, elle montre sa face;
Ou que, saisissant mal le mot de l'ennemi,
Votre coupable main tire, même à demi,
Le lot surabondant que repousse le *ponte*,
Et qu'il faudrait alors prendre pour votre compte;

Calice bien amer, que la *banque* aux abois,
Même sans avoir soif, a bu plus d'une fois!

Mais le moment d'armer sa vigilance extrême,
D'écarquiller ses yeux, de rentrer en soi-même,
C'est quand on fait *filer* sous le doigt incertain
Le carton moucheté qui fixe le destin ;
Combien de fois, est-il de plus rude secousse!
Le point d'un *huit* caché par le perfide pouce,
Sous la forme d'un *sept*, évincé de son droit,
A ravi son triomphe au *tailleur* maladroit!
Prenez garde! au *banquier* nul *ponte* ne pardonne :
Dès qu'il a prononcé le mot fatal : *J'en donne,*
Malheureux! ne l'eût-il prononcé qu'à moitié,
La loi du talion le frappe sans pitié ;

On lui fait digérer sa cruelle équivoque,

Et son *neuf* impuissant, que trop tard il invoque,

Devant un *point* pareil en face placardé,

De son rang souverain tombe dépossédé.

.

Que ne puis-je, éclairé par mon expérience,

Au *tailleur* néophyte infuser la science !

Le chemin qu'il parcourt, labyrinthe subtil,

Aurait, certes, besoin du secourable fil

Que Dédale inventa pour celui de la Crète :

A quel nombre faut-il qu'il *tire*, ou qu'il s'arrête?

Quand chacun des *tableaux*, offrant même valeur,

A pris une *figure,* instrument de douleur,

Doit-il, s'il n'a que *trois,* chercher meilleure chance,

Ou dans son *statu quo* demeurer par prudence ?

16

Sur un *quatre* donné, s'il a *cinq* pour sa part,

Fait-il bien de tenter la faveur du hasard ?

Fait-il mieux s'il renonce à ce moyen extrême ?

Je n'ose prononcer sur ce double problème.

La règle, qui du *ponte* est le guide constant,

Pour l'indécis *banquier* varie à chaque instant ;

Comme son arbitraire a plus de latitude,

Il doit nager aussi dans plus d'incertitude ;

Une angoisse éternelle assiége son cerveau,

Chaque coup lui suscite un embarras nouveau ;

Souvent, sur un *tableau* certain du bénéfice,

Du *tableau* limitrophe il fait le sacrifice ;

Le *point* qu'il a donné détermine son choix :

Tantôt il tire à *six*, tantôt il *reste* à *trois*.

Mais pourquoi ces conseils de mon vers didactique ?
Cent leçons valent moins qu'une heure de pratique.
Pour dresser un disciple au grand art de *tailleur*,
Un maître l'instruira mieux que nous, le malheur.

Quelquefois, en songeant au souci qui tenaille
Le manœuvre qui *ponte* et l'artiste qui *taille*,
Je me suis demandé quel sort est le plus doux,
Et des deux, qui de l'autre a droit d'être jaloux.
Leurs poignantes douleurs, hélas! sont assorties,
Ils sont couchés tous deux sur un coussin d'orties.
Sur le champ de bataille où le *ponte* est blessé,
Souvent par son vainqueur il resté délaissé,
Sans pouvoir à son tour, dans son amer déboire,
Par un nouveau combat ressaisir la victoire.

Hormis ce cas, son rôle a des douceurs pour lui ;

Libre dans son allure, exempt du frein d'autrui,

Il adopte, suivant que la *marche* varie,

Tantôt l'*intermittence*, et tantôt la *série ;*

S'il croit à la *déveine*, il épie à loisir

Le retour du bonheur qu'il est prompt à saisir ;

Il dirige à son gré ses *masses* inégales

En fougueux *parolis,* en sages *martingales;*

Il peut même, pourvu qu'il glisse incognito

Son petit grain de sable au plus léger plateau,

Il peut, en cultivant un discret *carottage ,*

Sur le champ dédaigné glaner quelque avantage;

A l'exemple du sage, il est content de peu.

Le *banquier* a pour lui les fanfares du jeu ;

Tous les regards tendus ajustent sa personne :
A son geste on tressaille, à sa voix on frissonne,
Et ceux qui de plus près sont à sa table admis,
Semblent ses courtisans et non ses ennemis.
On dit même, s'il faut tenir pour véridiques
Les calculs transcendants des têtes algébriques,
Que, dans un laps de temps plus ou moins limité,
La balance du sort penche de son côté.
Mais qu'il achète cher les honneurs de son titre !
De sa propre fortune il n'est pas même arbitre ;
Ses fonds pyramidaux conquis sur le vaincu,
La charte lui défend d'en distraire un écu ;
Chaque *ponte* sur eux inscrit son hypothèque.
Tandis que, palpitant d'une joie intrinsèque,
Il empile déjà, comme à l'abri du sort,
Le métallique amas promis au coffre-fort ;

Qu'après des coups de mer et de rudes tourmentes,

Voguant en plein repos sur les vagues dormantes,

Ses riches galions, par un dernier contour,

Vont entrer dans le port après les *coups d'amour ;*

Voilà qu'un brûle-tout, tel qu'un prévôt de salle,

Toisant, d'un œil hautain, la *banque* colossale,

D'une sinistre voix que répète l'écho,

Comme un cartel à mort lui lance son *banco !*

Tout ou rien ! pile ou face ! il faut bien s'y résoudre,

On est libre de fuir, ou d'attendre la foudre ;

En vain à transiger on voudrait parvenir :

Il n'est qu'un choix à faire, abdiquer ou *tenir*.

Heureux celui qui peut, froid comme une statue,

Subir ce dernier coup qui le double ou le tue !

Au nombre des ennuis attachés à ce rang,

Gardons-nous d'oublier le plus désespérant,

Le supplice éternel d'entendre à ses oreilles

Vingt *pontes* croassant ainsi que des corneilles,

Sans cesse apostrophant la chance des *tailleurs*;

Et même dans leur joie aigres et criailleurs.

Vous en voyez, faut-il avoir l'âme rapace!

Qui, juste après neuf coups couronnés de la *passe*,

Si pour eux le dixième amène un mauvais *point*,

Hurlent sur leur *guignon* qu'atteste un coup de poing.

Ah! certe, il est doué d'une âme bien chrétienne,

Celui qui, sans mot dire, avale leur antienne,

Et noblement leur donne, au lieu d'être abattu,

L'exemple électrisant de sa haute vertu.

Au nom de beau *banquier* que nul homme n'aspire,
S'il ne prend sur lui-même un souverain empire,
S'il ne peut contempler d'un stoïque sang-froid
Le torrent de bonheur qui grossit ou décroît.
Souvent aux mieux trempés un tel courage manque;
Tel qu'on sait brave ailleurs est poltron à la *banque*.
J'ai vu des généraux, aux historiques noms,
Qui, sans cligner de l'œil, marchaient sur les canons
J'ai vu de vieux grognards, bronzés sous Bonaparte
Tomber en pamoison en face d'une carte,
Et, sans s'inquiéter de ce qu'on en dira,
Blêmir devant un *dix* qui leur fait *bacara*.
Sans doute, entre vos doigts quand un *huit* se présente,
C'est, nous le confessons, une douleur cuisante,
Disons mieux, c'est un coup propre à mater un bœuf,
De voir à ses côtés pleuvoir un double *neuf;*

Mais c'est alors, c'est là que la philosophie

Doit se dresser devant le sort qui la défie,

Et dérober, surtout au *ponte* triomphant,

Le plaisir d'un *banquier* qui pleurniche en enfant.

Il s'en trouve, oh! que l'homme est donc un roseau frêle !

Qui, lorsque le destin les frappe de sa grêle,

A chaque nouveau coup qui ravage leurs fonds,

Modulent des soupirs à fendre les plafonds,

Chantent en longs versets leur plate litanie,

Et poussent en public un râle d'agonie.

Lâches ! cédez le siége à des hommes de cœur,

Vous n'obtiendrez de nous qu'un sourire moqueur.

D'autres, tout en raflant le tapis en détresse,

En fades quolibets exhalent leur ivresse ;

Au lieu d'atténuer, par des égards humains,

La douleur du tranchant qui s'agite en leurs mains,

Et de jeter, du moins, avec philanthropie,

Sur nos membres blessés quelques brins de charpie,

Ils saupoudrent leurs coups de sarcasmes mordants,

Et, pour mystifier l'attente des perdants,

S'ils ont donné partout la *figure* funeste,

Disent d'un air contrit : Allons !.. j'ai *cinq*... je *reste*.

Manége trivial, farces de Pantalon,

Que devrait interdire un pudique salon !

Quand il descend au point de jouer la parade,

Le roi du Bacara lui-même se dégrade,

Son trône de hasard se transforme en tréteau,

Et l'habit d'arlequin lui sied mieux qu'un manteau.

Pour moi, quoique la pièce ait mon culte idolâtre,

Je sors quand ces acteurs entrent sur le théâtre.

Je ne disconviens pas qu'il soit parfois permis

De s'égayer au jeu dans un cercle d'amis ;

Il serait malséant de prendre un front sévère
Alors qu'au *domino* l'on joue un petit verre;
Mais lorsque, sur la table où l'on se vient asseoir,
Cinq, dix, vingt mille francs sont risqués dans un soir,
Un *banquier* doit se faire une attitude grave;
Insulter aux vaincus est indigne d'un brave.
Sitôt l'instant précis où vos *points* sont comptés,
S'ils font le maximum, *huit* ou *neuf*, *abattez!*
Déroulez notre arrêt d'une main sûre et prompte;
Malheur à qui se plait aux tortures du *ponte!*
Sans traîner la parole, accusez votre *point*,
Amputez-nous la chair, mais ne la sciez point.

Sinon, songez-y bien! dans ce monde éphémère,
Une *veine* sans fin n'est rien qu'une chimère;

On verra bien un jour, et peut-être bientôt,

Tomber votre bonheur échafaudé si haut :

Alors commenceront les justes représailles

Des martyrs si long-temps bafoués par vos *tailles ;*

Sur le même calvaire où fut cloué leur front,

De vinaigre et de fiel ils vous rafraîchiront ;

Le sort confisquera les biens illégitimes

Des bourreaux descendus au rôle de victimes.

Tyrans ! à votre tour, passez par notre *main :*

Nous *pontons* aujourd'hui, nous *taillerons* demain.

LE CRAPS.

LE CRAPS.

Le *craps*, jeu gouverné par de sévères lois,
Se joue avec trois dez dont le *ponte* a le choix.
Le *cornet* tel qu'un sceptre est l'attribut du *ponte ;*
Lui seul tire les dez et le *banquier* les compte.
La *banque* prend pour lot le premier *point* qui sort;
Le *ponte* a le second que lui marque le sort.
Dès que, sans incident, la chance est établie,
Que chacun est pourvu du nombre qui le lie,
Le gagnant est celui qui, le premier des deux,
Amène le retour de son *point* hasardeux.

Le *banquier*, dédaignant toute chance mauvaise,

Se *couvre* par *huit, neuf, dix, onze, douze* et *treize*.

Le *ponte*, outre ces *points* dévolus au *tailleur*,

De *sept* et de *quatorze* aggrave son malheur ;

Quelque *point* qu'à la *banque* assigne la fortune,

Si par le coup qui suit (disgrâce trop commune!),

Si le malheureux *ponte*, avant d'être *couvert*,

Amène moins que *sept* ou plus que *seize*, il perd.

Il gagne, quand les dez vomis du cornet sombre

Coup sur coup de la *banque* ont répété le nombre.

Huit ou *treize* au *banquier livrés* de prime abord,

Seize est gain pour le *ponte*, et *quinze*, un point de mort.

Au contraire, après *neuf*, après *dix, onze* et *douze*,

Quand, trompant du hasard l'influence jalouse,

Le *ponte* a fait sortir un *quinze* inattendu,

Il a gagné le *coup* que *seize* aurait perdu.

OBSERVATIONS.

Même après que sa chance au *banquier* est soumise,
Le *ponte* peut hausser ou restreindre sa *mise*.
Le *coup* est régulier quand les trois dez sortants,
Sur l'acajou poli tombent en même temps.
Le *tailleur* et le *ponte*, au gré de leur caprice,
Peuvent de nouveaux dez invoquer le service.
Voulez-vous du destin dépister le calcul,
Paralyser le dez et rendre le coup nul?
Renversez carrément le cornet sur la table.
Pour que le *coup* soit bon et le nombre valable,
Il suffit que le dez, estafette du sort,
Du sinistre entonnoir ait effleuré le bord.
Regardez comme nul pour le *point* réciproque,
Tout dez qui se présente en posture équivoque,

Soit que l'agile cube arrête son essor

Sur un corps étanger, hormis l'argent ou l'or;

Soit que, précipité par un choc qui l'entraîne,

Il roule sous la table en franchissant l'arène;

Soit que du noir *cornet*, sortant en furibond,

Sur l'avare *cagnotte* il s'élance d'un bond;

Soit qu'échappé de l'antre où gronde la sibylle,

Sur un dez fraternel il chevauche immobile;

Soit enfin qu'aux regards du *ponte* consterné

Il se brise en roulant ou s'arrête écorné,

Comme si pour montrer sa face aléatoire,

Le noir démon du *craps* jaillissait de l'ivoire.

Bordeaux, 14 novembre 1842.

BARTHÉLEMY.

www.ingramcontent.com/pod-product-compliance
Lightning Source LLC
Chambersburg PA
CBHW060707050426
42451CB00010B/1306